Katrin Lehmann

Dem Leben eine Richtung geben

Wie kann ich mein Leben aktiv selbst gestalten

GRIN Verlag

Bibliografische Information der Deutschen Nationalbibliothek:

Die Deutsche Bibliothek verzeichnet diese Publikation in der Deutschen National-
bibliografie; detaillierte bibliografische Daten sind im Internet über http://dnb.d-
nb.de/ abrufbar.

Impressum:

Copyright © 2010 GRIN Verlag GmbH
Druck und Bindung: Books on Demand GmbH, Norderstedt Germany
ISBN: 978-3-656-88422-4

Dieses Buch bei GRIN:

http://www.grin.com/de/e-book/288008/dem-leben-eine-richtung-geben

ABSCHLUSSARBEIT

Dem Leben eine Richtung geben-

Wie kann ich mein Leben aktiv selbst gestalten

vorgelegt von

Katrin Lehmann

Ulm

Volkshochschule Ulm- Gesundheitsakademie

Ausbildung zum Gesundheits- und Mentalcoach

April 2009/April 2010

Inhaltsverzeichnis

DANKSAGUNG

Ich möchte an dieser Stelle Allen danken, die mir beim Schreiben dieser Diplomarbeit mit Rat und Tat zur Seite gestanden haben. Außerdem bedanke ich mich bei allen Menschen, die mich auf meinem bisherigen Lebensweg begleitet haben und ohne die meine persönliche Entwicklung nicht möglich gewesen wäre!

Einleitung- Warum dem eigenen Leben eine Richtung geben?

Die Büroangestellte Natalie Weber (32 Jahre) ist zunehmend unzufriedener mit sich und ihrem Leben. Sie hat keinen Spaß mehr an ihrer Arbeit und schon längere Zeit das Gefühl, dass irgendetwas in ihrem Leben nicht stimmt. Sie hatte immer gehofft, dass dieser Zustand nur vorübergehend ist und es ihr irgendwann schon einmal wieder besser gehen wird. Das ist aber nicht der Fall. Deshalb beschließt Natalie Weber sich helfen zu lassen, um endlich wieder ein zufriedenes und glückliches Leben führen zu können und kommt zu mir in die Beratung. Sie hofft, dass ich als Gesundheits- und Mentalberaterin ihr dabei helfen kann, ihr Leben in den Griff zu bekommen.

Als mich Natalie Weber anrief, um einen Termin mit mir zu vereinbaren, sprach sie mit leiser Stimme und machte auf mich einen traurigen Eindruck. Wir vereinbarten einen Termin für ein erstes kostenloses Informationsgespräch. Bei diesem erzählte sie mir dann genauer, wie es ihr ging:
Vor 2 Jahren hatte sich Natalie Weber von ihrem langjährigen Lebenspartner getrennt. Er ist damals ausgezogen und sie blieb in der gemeinsamen Wohnung. In letzter Zeit hat sie oft das Gefühl, dass sie in eine andere Wohnung sollte, da immer noch zu viele Erinnerungen mit der jetzigen Wohnung verbunden sind. Aber wohin nur? Sie ist sich nicht mal sicher, ob sie in der Stadt wohnen bleiben will.
Auch ist sie mit ihrer Arbeit im Büro eines Großunternehmens sehr unzufrieden. Die Kollegen sind zwar nett, aber die Arbeit macht ihr keinen Spaß. Außerdem ist sie mit der Art und Weise, wie die Vorgesetzten mit den Angestellten umgehen, überhaupt nicht mehr einverstanden. Ständig hat sie das Gefühl, dass einfach ohne nachzufragen über alle hinweg entschieden wird, und sie selber sich in keiner Weise in das Unternehmen mit einbringen kann. Aber sie hatte schon öfter die Arbeitsstelle gewechselt und kann doch nicht schon wieder neu anfangen, ist Natalies Meinung. Sie wüsste nicht, wo das noch hinführen sollte. Natalie berichtete mir noch, dass ihre beste Freundin vor einem halben Jahr in den Norden gezogen wäre und sie sie schrecklich vermisste. Sie sind zwar über Telefon und E- Mail in Kontakt, aber das wäre ja nicht dasselbe, wie persönlich sehen und reden können.
In den letzten Wochen hatte sich Natalie sehr müde und energielos gefühlt. Sie möchte so nicht weiter ihr Leben verbringen, sondern hat beschlossen, jetzt dagegen etwas zu unternehmen. Sie weiß nur nicht, wo und wie sie anfangen soll. Und dann sind da immer diese Zweifel, ob sie überhaupt etwas an ihrem Zustand ändern könnte. Schließlich muss sie ja ständig auf Ereignisse und Situationen von außen reagieren, ohne diese beeinflussen zu können.

So wie Natalie Weber geht es sicher vielen Menschen in der heutigen Zeit. Das moderne Leben ist von ständigen Wechseln geprägt und erfordert sehr viel Flexibilität. Nicht nur im Arbeitsleben, sondern besonders im privaten Bereich müssen wir uns immer wieder neu ausrichten, um uns an veränderte Zustände anzupassen. Manchmal steckt man zu sehr in den alten Mustern fest und kann sich deshalb nur sehr schwer an neue Lebenssituationen anpassen, wie es bei Natalie Weber der Fall ist. Man verliert dann durchaus den Überblick über das eigene Leben und hat das Gefühl, auf der Stelle zu treten und keine Bewegung bzw. Entwicklung im Leben zu haben. Es ist aber ein sehr wichtiges Bedürfnis der Menschen sich weiter zu entwickeln und vor allem im eigenen Leben einen Sinn zu spüren. Ist dies, wie bei Natalie, nicht gegeben, verspürt man Unzufriedenheit und eine gewisse Sinnlosigkeit.

Wenn man nicht weiß, wo man hinwill, braucht man sich auch nicht zu wundern, wenn man nirgends ankommt, besagt ein Sprichwort. Ich erachte es als ganz wichtig, Ziele und Träume im Leben zu haben, auf die man hinarbeitet, sich darauf zu bewegt und versucht, sie auch wirklich zu erreichen. Das gibt dem Leben eine Richtung an, einen Sinn und Aufgaben, die es zu bewältigen gibt und an denen man wachsen kann. Habe ich das Gefühl, auf dem Weg zu meinem Ziel/ Traum zu sein und dadurch mein Leben selbst aktiv zu gestalten, dann bin ich zufrieden, habe mein Leben im Griff. Dieses Gefühl fehlt Natalie Weber, da sie daran zweifelt, ihren Zustand selbst ändern zu können. Sie fühlt sich fremdbestimmt, was ihr allerdings nicht bewusst ist.

Damit Natalie ihr Leben ändern bzw. neu gestalten kann, ist es aber wichtig, dass sie erkennt, dass sie für sich selbst verantwortlich ist. Keine andere Person von außen kann ihr Leben führen, das muss Natalie schon selbst tun. Wenn man diese Tatsache erkennt, ist es auf einmal ganz logisch und klar, dass man gar nicht fremdbestimmt sein muss, sondern selbst sein Schicksal/ Leben so einrichten kann, wie man es möchte. Dies ist eine sehr wichtige Erkenntnis! Gibt es ein Ziel, auf das man in nächster Zeit hinarbeiten möchte, kann man auf einmal ungeahnte Kräfte/ Energien dafür aufbringen. Oft ist man dann erstaunt, was man alles schaffen kann. Natalie fühlt sich energielos und müde. Das kommt daher, dass sie keinen Sinn sieht bzw. kein Ziel hat in ihrem jetzigen Leben. Wofür sollte sie auch Energien mobilisieren? Da sie sich eher im Kreis bewegt, als das ihr Leben eine Richtung, ein Ziel anstrebt, braucht sie auch nicht viel Energie. Eine Kreisbewegung erfordert nämlich weitaus weniger Energie (bzw. sie wird sehr zerstreut) als das gezielte Streben in eine konkrete Richtung.

Ich möchte nun auf den kommenden Seiten darauf eingehen, wie ich in den ersten 2 Sitzungen die Arbeit mit Natalie Weber gestaltet habe. Damit gebe ich einen kleinen Einblick in die (mögliche) Arbeit als Gesundheits- und Mentalberaterin. Ich gehe dabei jeweils kurz auf die angewandten Methoden ein und erkläre, warum ich diese Methode gewählt habe. Außerdem beschreibe ich das Verhalten und die Erkenntnisse von Natalie, da schon von der ersten Beratungssitzung an sich Veränderungen beim Klienten zu entwickeln begannen. Somit bekommt man einen Überblick, was Mentalarbeit bewirken kann.

1.) Die erste Beratungssitzung- Der Weg in eine neue Richtung beginnt

Um eine optimale Beratung anzubieten, wird jede Sitzung strukturiert, d.h. in verschiedene Phasen unterteilt. Die einzelnen Phasen haben jeweils ein eigenes Ziel. Um dies besser verdeutlichen zu können, werde ich in diesem Kapitel deshalb immer auch kurz auf die Bedeutung jeder beschriebenen Phase eingehen.

1.1) Rapportphase- Der wichtige Anfang

Damit Klient und Berater erfolgreich miteinander arbeiten können, müssen sie sich auf der gleichen Ebene befinden. Nur so können sie gut miteinander kommunizieren, ist gegenseitiges Verständnis gegeben. Um das zu erreichen, ist diese Rapportphase wichtig. Außerdem wird hier mit einer kleinen Entspannungsübung der Klient zur Ruhe gebracht. Er kann dadurch langsam im Raum ankommen und sich auf die bevorstehende Sitzung einstimmen.

Ich begrüße Natalie und frage sie gleich, ob sie einen Parkplatz gefunden hat. Wir setzen uns dann. Schon beim Vorgespräch hatte mir Natalie erzählt, dass sie meine Adresse von einer Kollegin bekommen hätte, die auch schon von mir beraten wurde. Natalie hatte ihr ein wenig ihr Leid geklagt und darauf hin hatte die Kollegin ihr geraten, doch einmal zu mir zu gehen.
Ich erkläre Natalie nun noch kurz, wie ich als Gesundheits- und Mentalberaterin arbeite, damit sie sich besser vorstellen kann, was auf sie zukommt:
Ich als Gesundheits- und Mentalberaterin möchte ihr helfen, Lösungen für ihre vorhandenen Probleme zu finden. Dazu werden wir gemeinsam schauen, welche Möglichkeiten es dafür geben würde. Ich biete ihr eine Unterstützung an, ihren eigenen Weg zu finden. Der Klient erarbeitet also seine ganz eigene Strategie. Ich arbeite ganzheitlich, d.h. auf mentaler und körperlich- energetischer Ebene, da alles zusammen den Menschen ausmacht.
Deshalb werde ich zu Beginn jeder Sitzung eine kleine Entspannungsübung machen. Auf meine Frage hin, ob Natalie schon Entspannungsübungen kennt, antwortet sie, sie hätte vor vielen Jahren einmal einen Kurs im Autogenen Training gemacht, wüsste aber nicht mehr viel davon.

Bereits im Vorgespräch erzählte mir Natalie, wie müde und energielos sie sich fühlt. Deshalb wähle ich als erste Entspannungsübung eine „Atemübung zum Auftanken", um ihre Energie wieder etwas aufzufüllen. Über die Atmung kann sehr viel Energie gewonnen werden. Wird die Aufmerksamkeit auf die Atmung gerichtet, entspannt das gleichzeitig Körper und Geist und der Klient kommt zur Ruhe. Ich möchte kurz die Durchführung dieser Atemübung beschreiben:

Atemübung für die Energiebalance:*„Hier tanken Sie auf"*
→ Ziel: Neue Energie schöpfen für Körper und Geist!
→ Übungsablauf: -Lege dich bequem auf eine Matte, die Hände liegen locker auf dem Bauch, und zwar rechts und links vom Bauchnabel, schließe nun die Augen.
- Atme ein paarmal durch die Nase tief in den Bauch hinein, merke dabei, wie sich deine Hände mit dem Bauch zusammen anheben (Einatmen) und wieder senken (Ausatmen).
- Jetzt stelle dir ein inneres Kraftzentrum ein wenig unterhalb deines Bauchnabels vor, welches hell und warm Energie abgibt.
- Atme tief in dieses Kraftzentrum unterhalb des Bauchnabels hinein; mit jedem Atemzug wächst die Energie in diesem Zentrum; wiederhole dies ein paar mal und tanke damit immer mehr Energie dort auf.
- Fülle nun dein „Gehirnkraftwerk" mit Energie auf. Dazu atme weiter genauso ruhig und tief wie bisher ein und spüre dabei die Wärme, die vom Kraftzentrum des Bauchnabels direkt in dieses Kraftwerk im Gehirn fließt.
- Stelle dir vor, wie deine Mitmenschen diese warme Kraft durch Sympathie und Lächeln von dir zu spüren bekommen. Lächle dir dabei innerlich selber zu.
- Zum Schluss spüre noch kurz nach, wie deine beiden Kraftzentren im Bauch und im Gehirn auf Hochtouren laufen und genieße die getankte Energie.

Nun frage ich Natalie nach ihren Erfahrungen:
Wie fühlst du dich jetzt? Konntest du etwas spüren? Wie fühltest du dich vor der Übung und wie fühlst du dich jetzt?
→Natalie berichtet, dass sie sich ruhig und entspannt fühlt, nicht mehr so müde, wie vorher. Ihr hat diese Übung sehr gut getan. Sie hätte nicht gedacht, dass einfaches Atmen so viel bringen würde.

Nun können wir mit der Arbeit beginnen!

1.2) Problemklärung- Wo setzen wir an

In dieser Phase wird in das Problem bzw. Anliegen des Klienten eingestiegen, wird quasi eine „Bestandsaufnahme" gemacht. Ich als Berater werde aktiv zuhören und durch gezieltes Nachfragen die Problematik des Klienten eingrenzen und somit genauer erfassen. Es werden hier noch keinerlei Lösungen angesprochen, es soll lediglich die Problematik herausgearbeitet werden. Das hilft einerseits dem Klienten, sich selbst bewusst zu werden, woraus sein Problem tatsächlich besteht, und andererseits zeigt es dem Berater mögliche Ansatzpunkte auf.

Natalie hatte mir im Vorgespräch schon Einiges über ihre Situation geschildert. Ich weiß also schon so ungefähr, worum es bei ihr geht. Ich werde im Folgenden eine Übersicht geben, wie ich in dieser 1. Sitzung vorgegangen bin, um Natalies Problematik genauer zu erfassen. Dazu stelle ich jeweils Fragen, die mir Natalie beantworten soll:
Wo können wir beginnen?
<u>Natalie</u>: Ich habe mir nach unserem Vorgespräch schon so einige Gedanken gemacht. Ich konnte allerdings nicht herausfinden, wo und vor allem wie ich anfangen soll. Ich weiß nur, dass es so für mich nicht weitergeht und ich möchte gerne etwas ändern.
Du sagtest mir im Vorgespräch, du fühlst dich in letzter Zeit so energielos. Was heißt denn das ganz konkret für dich?
<u>Natalie</u>: Ich bin oft müde, antriebslos, traurig und innerlich unruhig.
Gibt es konkrete Situationen, Ereignisse oder auch Personen, die diese Gefühle in dir hervorrufen?
<u>Natalie</u>: Bei der Arbeit bin ich oft unzufrieden und das macht mich dann traurig. Wenn ich nach Hause komme, bin ich müde und habe keine Lust mehr, für mich noch etwas zu tun. Es gibt keine konkrete Situation bei der Arbeit, die für diese Unzufriedenheit verantwortlich wäre, es ist eher eine allgemeine Unzufriedenheit.
Gab es eine Zeit, in der das anders war? Und was war da anders?
<u>Natalie</u>: Vor ein paar Jahren habe ich oft Kurse über Ernährung und Gesundheitsthemen an der Volkshochschule besucht. Das hat mir Spaß gemacht und da fühlte ich mich insgesamt ausgeglichener. Auch wenn es bei der Arbeit mal nicht so gut lief, machte mir das gar nicht so viel aus. Ich freute mich dann immer sehr auf diese Kursabende und das machte mich glücklich.
Könntest du dir vorstellen, wieder mehr solche Kurse zu besuchen? Wäre das ein möglicher Ansatzpunkt?
<u>Natalie</u>: Im Moment kann ich mir nicht vorstellen, Kurse an der VH zu besuchen, da ich immer so müde und antriebslos bin.
Du hast erzählt, du hättest dich damals glücklich gefühlt, als du diese Kurse besucht hast. Kannst du mir das noch etwas genauer beschreiben?
<u>Natalie</u>: Ich kann mich gerade nicht mehr so genau daran erinnern und auch nicht beschreiben, wie ich mich gefühlt habe.

→Ich schlage Natalie deshalb vor, sich gedanklich nochmal in so einen Kurs hineinzugeben. Mit so einer Visualisierung holt man sich die damaligen Bilder so deutlich, wie es im Augenblick möglich ist, wieder vor das innere Auge und bekommt dadurch die Gefühle von dieser Situation. Das Gehirn kann nicht unterscheiden, ob Bilder von früher oder der Gegenwart stammen, und aus dem Unterbewusstsein kommen die entsprechenden Gefühle dazu hoch. Das ist jetzt eine gute Möglichkeit für Natalie zu spüren, wie gut es ihr damals ging und auch zu erfahren, was „glücklich sein" für sie bedeutet.

Natalie willigt gleich dazu ein.

Vorab erkläre ich Natalie kurz, wie diese Visualisierung ablaufen wird:
Sie soll sich gedanklich nochmal einen Kursbesuch an der VH vorstellen. Ich muss gar nichts dazu erfahren, sie kann sich die Bilder alleine anschauen. Ich werde ihr zur Unterstützung Fragen stellen, auf welche sie nicht antworten braucht. Mit diesen Fragen möchte ich sie nur ein wenig begleiten und Hilfestellung geben. Danach werden wir diese Übung besprechen.

Mentales Visualisieren :
- Setze dich bequem und aufrecht hin, lege die Arme locker auf den Beinen ab, beide Füße stehen ganz auf dem Boden. Spüre kurz den Kontakt der Füße am Boden nach.
-Wenn du möchtest, kannst du die Augen jetzt schließen. Das hilft dir, besser bei dir zu bleiben.
-Atme erst ein paarmal tief in den Bauch. Mit jedem Atemzug gelangt dein Atem tiefer in den Bauch hinein.
-Stelle dir nun einen Treppe vor, die du langsam hinunter gehst, während ich rückwärts von 10-1 zähle. 10, 9, 8...1; du bist jetzt ganz entspannt.
-Stelle dir nun vor, wie du bei einem dieser VH-Kurse bist. Vielleicht stellst du dir vor, wie du hingehst, oder auch dass du schon mittendrin sitzt.
-Wenn du entsprechende Bilder hast, gib mir bitte kurz ein Zeichen, z.B. Kopfnicken oder Handzeichen.
-Sieh dir nun diese Situation, diese Bilder genau an!
-Was siehst du? Kannst du Farben wahrnehmen?
-Kannst du etwas hören?
-Vielleicht kannst du ja auch etwas riechen?
-Wie fühlst du dich jetzt? Was spürst du? Nimm dich nur wahr, beurteile deine Gefühle nicht!
→ *Hier ist es wichtig, den Klienten gut zu beobachten, wie sein Gesichtsausdruck und seine Haltung sind. Er soll sich wohl fühlen und möglichst nicht in negative Gefühle abrutschen! Bei Natalie kann ich große Zufriedenheit sehen und dass sie anfängt zu lächeln. Sie ist ganz entspannt.*
-Genieße noch für ein paar Atemzüge diesen Zustand.
-Jetzt kommst du langsam wieder Stufe für Stufe deine Treppe hoch, während ich von 1-10 zähle. 1, 2, 3...10; du bist hellwach und wieder ganz im Hier und Jetzt.
-Öffne nun die Augen, strecke und bewege dich.

Wie ist es dir ergangen? Hast du Bilder sehen können? Wie hast du dich gefühlt?
Natalie: Ich habe sehr deutlich gesehen, wie ich in einem Kurs sitze. Außerdem konnte ich sehr gut die Farben im Raum und die anderen Teilnehmer sehen. Ich habe mich sehr wohl gefühlt, war entspannt, vollkommen ruhig und wach. Außerdem konnte ich sehr viel Freude und Zufriedenheit spüren. Auch jetzt nach dieser Übung fühle ich mich viel besser, gar nicht mehr so müde.

→Hiermit ist die Problemklärungsphase beendet, sind einige interessante Fakten herausgearbeitet. Außerdem sollten nicht zu viele Dinge angesprochen werden, da ansonsten diese Sitzung zu überladen wäre.

1.3) Zielklärung- Wohin soll es gehen

Nach der Problemklärung ist es für den Klienten jetzt sehr wichtig, sich zu überlegen, was er eigentlich für sich erreichen möchte, d.h. welches Ziel er genau hat. Dabei wird unterteilt in ein Gesamtziel des Klienten, welches er am Ende mehrerer Beratungssitzungen erreichen möchte, und in das Teilziel dieser aktuellen Sitzung. Mit kleinen Schritten (Teilziele) kommt man zum Ziel (Gesamtziel); siehe dazu Abbildung 1:

Abb.1: Übersicht Gesamt/Teilziel

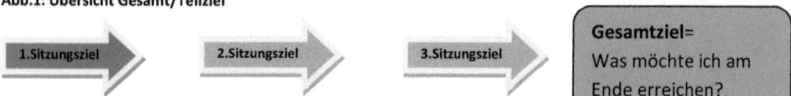

1.Sitzungsziel → 2.Sitzungsziel → 3.Sitzungsziel → Gesamtziel= Was möchte ich am Ende erreichen?

Mit Natalie gehe ich genau so vor wie eben beschrieben, d.h. erst frage ich sie nach ihrem Gesamtziel und dann nach dem Teilziel dieser 1. Sitzung. Wie ich schon beim Vorstellen der Problemklärungsphase erwähnt habe, wird durch das konkrete Herausarbeiten der Problematik des Klienten erreicht, dass ihm sein Problem selbst bewusster wird. Er hat außerdem einen besseren Zugang zu seinen Gefühlen bekommen, und weiß nun wahrscheinlich genauer, was er für sich erreichen möchte. Ich gebe jetzt einen Überblick, wie ich mit Natalie an der Zielklärung gearbeitet habe:

Was erhoffst du dir von diesen Beratungssitzungen? Was möchtest du ganz am Ende für dich erreicht haben?
<u>Natalie</u>: Ich möchte nicht mehr so müde und energielos sein. Sondern ich möchte mich wieder so glücklich und zufrieden fühlen, wie bei der Übung, die ich soeben gemacht habe. Außerdem möchte ich mehr Freude spüren können und einen Sinn im Leben haben.
Kannst du bitte alles, was du eben aufgezählt hast, in einem kurzen Satz formulieren? Was ist für dich das wichtigste Gesamtziel?
<u>Natalie</u>: Ich verändere mein Leben so, dass ich wieder einen Sinn verspüre und glücklich und zufrieden bin!
→ Dieses Gesamtziel lasse ich Natalie aufschreiben, damit sie es sich zu Hause immer wieder durchlesen kann!

Um festzustellen, ob es wirklich Natalies Gesamtziel ist, das sie für sich erreichen möchte, werde ich es kinesiologisch austesten. Über den kinesiologischen Muskeltest kann ich herausfinden, ob Natalie dieses Ziel auch im Unterbewusstsein hat. Der Verstand kann uns Vieles „vorgeben", aber das Unterbewusstsein muss das nicht unbedingt genauso sehen. Um ein Ziel aber wirklich erreichen zu können, müssen Bewusstsein und Unterbewusstsein das Gleiche wollen!

Der kinesiologische Muskeltest zur Zielklärung:
Die Kinesiologie basiert auf dem Wissen, dass Muskeln sehr schnell auf Stress aller Art reagieren. D.h. im entspannten Zustand sind sämtliche Muskel voll funktionsfähig, können ihre stützende Funktion ausführen, wie z.B. einen vorgestreckten Arm halten, auch wenn jemand versucht, ihn sanft nach unten zu drücken. Ist im Körper- Geist- System allerdings ein Stress vorhanden, schalten Muskeln ab, können einem leichten Druck nicht mehr standhalten und geben nach. Dies würde bedeuten, der ausgestreckte Arm kann nicht mehr so gehalten werden, und der Klient muss den Arm sinken lassen. Ich kann in einem Beratungsgespräch somit herausfinden, ob der Klient z.B. mit einem erarbeiteten Ziel Stress hat oder nicht. Woher dieser Stress kommt, ist erst einmal unwichtig bei der Zielklärung. Ich möchte hier lediglich herausfinden, ob das Ziel für den Klienten positiv ist oder nicht. Es hätte überhaupt keinen Sinn für Berater und Klient, an einem Ziel zu arbeiten, dass dem Klienten mehr Stress als Nutzen bringen würde!

→Durchführung:
Natalie streckt einen Arm nach vorn. Auf diesen Arm übe ich nun einen sanften Druck nach unten aus. Damit Natalie dadurch nicht ihr Gleichgewicht verliert, übe ich gleichzeitig einen leichten Druck auf die gegenüberliegende Schulter aus. Ist sie entspannt, kann sie diesem Druck standhalten, der Arm bleibt dann oben.
Nun lasse ich Natalie ihr Gesamtziel, welches sie sich vorher aufgeschrieben hat, laut aussprechen:
Ich verändere mein Leben so, dass ich wieder einen Sinn verspüre und glücklich und zufrieden bin. Während sie dies sagt, gebe ich einen leichten Druck auf ihren ausgestreckten Arm. Der Arm bleibt stark, gibt also meinem Druck nicht nach. Das bedeutet, für Natalie ist ihr Gesamtziel positiv!

Wir können jetzt weiter arbeiten und das Teilziel dieser 1. Sitzung festlegen.

Was möchtest du in dieser heutigen Sitzung erreichen?
Natalie: Ich möchte gerne herausfinden, was ich wirklich will. Vielleicht bekomme ich wieder einen besseren Zugang zu meinen Träumen und Wünschen.
Kannst du das bitte in einem kurzen Satz zusammenfassen? Beginne dabei mit „Ich...“!
Natalie: Ich weiß, was ich will!
→Der genaue Wortlaut ist wichtig für Natalie, weshalb ich sie diesen Satz wieder aufschreiben lasse. Dieses Mal darf sie auf ein farbiges Kärtchen schreiben, welches sie selbst auswählt. Die Farbe des Kärtchens unterstützt und bestärkt das Ziel von Natalie, da Farben eine eigene Bedeutung haben. Mir als Berater gibt es einen Hinweis, welche emotionale Bedeutung das Ziel für sie hat. Z.B. steht orange für Kreativität und Motivation, während grün mit Hoffnung und Stabilität verbunden werden kann. Natalie wählt ein orangenes Kärtchen.
Zur Überprüfung, ob es wirklich das Ziel von Natalie ist, teste ich es wieder kinesiologisch aus. Der Arm von Natalie bleibt bei diesem Sitzungsziel ebenfalls stark. Es ist also ein positives Ziel!

Der genaue Wortlaut ist deshalb wichtig für Natalie, weil sie sich mental programmieren kann, indem sie den Satz immer wieder am Besten laut ausspricht.
Sätze/ Gedanken, die immer wieder im Gehirn vorhanden sind, gelangen mit der Zeit ins Unterbewusstsein. Redet man sich z.b. immer wieder ein:" Ich schaffe das nicht", wird man letzten Endes tatsächlich scheitern. Mit negativen Worten programmiert man sich negativ und bleibt erfolglos. Diese Erkenntnis kann man sich aber auch zu Nutzen machen, indem man sich mit positiven Worten eben positiv programmiert. Das bedeutet, wenn Natalie sich immer wieder sagt: „Ich weiß, was ich will", wird ihr Unterbewusstsein das mit der Zeit aufnehmen und es wird dann so sein. Natalie wird wirklich herausfinden, welches ihre Träume und Wünsche sind.

Meine Klientin hat für sich ein Gesamtziel und ein 1.Teilziel herausgearbeitet. Wir können zur Problemlösung übergehen.

1.4) Problemlösung- Wie erreiche ich mein Ziel

In dieser Phase der Beratung erarbeiten Berater und Klient ganz konkrete Schritte, um das vorher festgelegte Teilziel zu erreichen. Der Berater wird dazu verschiedene Übungen mit dem Klienten durchführen, wie z.B. Visualisierungsübungen. Oder er arbeitet zusammen mit dem Klienten gezielt bereits vorhandene Ressourcen heraus. Es können aber auch beratende Vorschläge im Bereich Ernährung, Bewegung oder Lebensordnung eingebracht werden. Der Klient erhält in dieser Phase ein Programm, mit dem er daheim selbständig an seinem Ziel weiter arbeiten kann. Deshalb wird dieses Programm ganz genau auf den Klienten abgestimmt. Schließlich ist es der Weg bzw. das Ziel des Klienten und nicht des Beraters, was erreicht werden soll. Meine Aufgabe als Berater besteht hier herauszufinden, was dem *Klienten* helfen könnte und nicht, was ich an seiner Stelle machen würde. Ich muss also neutral bleiben als Berater und mich ganz auf den Klienten einstellen. Das Programm sollte für den Klienten nicht zu groß sein und vor allem gut in sein Leben integriert werden können. So ist gewährleistet, dass der Klient schnell erste kleine Erfolge bemerken wird und weiter an sich arbeiten möchte.

Wie bereits erwähnt gibt es sehr viele verschiedene Möglichkeiten, um dem Klienten bei seiner Problemlösung zu helfen. Wie ich bei Natalie vorgegangen bin, und was wir gemeinsam für sie erarbeitet haben, möchte ich auf den nächsten Seiten beschreiben:
Wir haben als Ziel dieser Sitzung den Satz „ Ich weiß, was ich will!" definiert. Natalie möchte als Allererstes herausfinden, welche Wünsche bzw. Vorstellungen sie für ihre Zukunft hat. Das ist sehr wichtig, denn wenn man nicht klar im Inneren ist, was man erreichen möchte, kann man auch keine konkreten Schritte machen.

Time-Line :
Natalie weiß nicht, wo sie in ihrem Leben hinmöchte; hat kein attraktives Ziel, auf das sie hinarbeiten kann. In diesem Fall entscheide ich mich, mit Natalie eine Time- Line durchzuführen. Die Time- Line ist eine NLP- Methode, die hier in einer einfachen Form und möglichst nur mit positiven Ressourcen angewandt wird. Negative Gefühle können natürlich hervortreten, werden aber nicht vorrangig bearbeitet, sondern es wird versucht, ihnen positive Gefühle entgegen zu stellen und dadurch das Befinden des Klienten in dem Moment wieder zu verbessern. Die Time- Line besteht aus einer Vergangenheitslinie und einer Zukunftslinie, bei der positive Ressourcen in der Vergangenheit gesammelt bzw. konkrete Schritte und Ziele für die Zukunft erarbeitet werden.

Für Natalie stellt diese Bearbeitung eine wichtige Hilfe dar, um sich wieder bewusst zu werden, welche schönen Erlebnisse sie schon in ihrem bisherigen Leben hatte und vor allem, was sie daraus für ihre Zukunft entnehmen kann. Außerdem kann ihr die Zukunftslinie mögliche neue Wege aufzeigen. Ich möchte hier in Kurzform auf die Durchführung der Zeitlinie mit Natalie eingehen:

1.) Neutralen Punkt festlegen
Ich lasse Natalie eine Entspannungssituation für sich suchen, d.h. ein schönes Erlebnis, welches sie entspannt, ihr positive Gefühle gibt. Sie entscheidet sich für die Nordsee, da sie dort so gern ist und schon oft ihren Urlaub verbracht hat. Ich schreibe auf ein grünes rundes Kärtchen die Stichpunkte „Nordsee" und die für Natalie dazugehörigen Gefühle „Ruhe, Freiheit" und fordere sie dann auf, das Kärtchen im Raum so zu platzieren, wie es für sie stimmig ist.
Für einige Augenblicke soll sich Natalie nun die Bilder und Gefühle, die sie mit der Nordsee verbindet, erneut in Erinnerung rufen, verstärken und genießen.

→ Ich mache Natalie darauf aufmerksam, dass sie immer, wenn sie sich nicht gut fühlt während der Time Line, selbständig auf ihre Entspannungsinsel (neutralen Punkt) gehen kann.

2.) Gegenwartspunkt legen
Auf ein rotes eckiges Kärtchen wird ein „G" für Gegenwart geschrieben und Natalie legt es wieder selbständig in den Raum und stellt sich darauf. Nun können wir von da aus die „Reise in die Vergangenheit" starten, wobei in mehreren Schritten (Monate, Jahre...) langsam gedanklich in der Zeit zurück gegangen wird.

3.)In die Vergangenheit gehen
Ich führe Natalie mit Fragen zum ersten Vergangenheitspunkt: **Gab es in den letzten Wochen, Monaten einen besonderen Moment oder etwas besonders Schönes?**
> Natalie fällt eine tolles Wochenende mit Freunden ein, welches sie vor einem Jahr erlebt hatte.
Ich notiere „Wochenende mit Freunden", die dazugehörigen Gefühle „Geborgenheit, Zufriedenheit, Freude" sowie die Jahreszahl und lasse Natalie das Kärtchen selber legen. Dann stellt sie sich auf die Karte und geht gedanklich nochmals kurz in diese damalige Situation hinein, damit sie die positiven Gefühle wieder spüren und noch verstärken kann.
Nach diesem Prinzip gehen wir nun noch zu einem zweiten und dritten Vergangenheitspunkt zurück. Natalie findet dabei folgende Situationen und die dazu gehörigen Gefühle:
> „Schulzeit-geschaffte Klausur"- Stolz, Stärke, Zufriedenheit (1988) und
> „Aufenthalt bei Oma"- Geborgenheit, Ruhe (1980)
Bei diesen 3 Punkten möchte Natalie es belassen. Ich fordere sie nun auf, wieder Schritt für Schritt zurück zu gehen zum Gegenwartspunkt. Dabei soll sie immer kurz auf einem Vergangenheitspunkt verweilen, sich nochmals in die jeweilige Situation hineindenken und die positiven Gefühle genießen. Die guten Gefühle soll Natalie jeweils einpacken und mitnehmen. Sie entscheidet sich für einen Koffer mit Rollen, in welchen sie nun nach und nach ihre positiven Ressourcen packt.

→ Wieder am Gegenwartspunkt angelangt, ist zu bemerken, dass Natalie sehr viel aufrechter steht und präsenter wirkt. Sie berichtet mir, dass sie ein Kribbeln durch ihren ganzen Körper wahrnimmt. Ich erkläre ihr, dass das die Energie ist, die im Moment wieder vermehrt durch ihren Körper strömt. Außerdem ist Natalie jetzt gerade wieder ganz auf sich konzentriert und kann sich und ihren Körper intensiver wahrnehmen.

Natalie meint nun, dass sie sehr gespannt ist, was bei der Bearbeitung ihrer Zukunftslinie heraus kommt und sich darauf freut. Sie hat ja nun jede Menge Positives in ihrem Handgepäck und hat gesehen, dass sie bisher schon einiges Schönes im Leben erfahren hatte. Sie möchte in Zukunft natürlich ebenfalls so schöne Erlebnisse haben.

4.) In die Zukunft gehen
Ich führe Natalie mit Fragen nun zum ersten Zukunftspunkt: *Wenn du dir deine Zukunft betrachtest, was könnte denn der nächste Schritt sein? Ist dir vielleicht inzwischen ein mögliches Ziel eingefallen? Oder gibt es etwas, was du schon immer einmal machen oder erleben wolltest?*
> Natalie fällt ein, dass sie immer wieder mit dem Gedanken gespielt hat, etwas ganz anderes als jetzt zu arbeiten, wie z.B. Heilpraktikerin oder Heilpraktikerin für Psychotherapie. Die Beschäftigung mit alternativer Medizin und Psychologie ist schon des längeren ein Hobby von ihr, wodurch sie sich auch schon etwas damit auskennt. Jetzt könne sie sich durchaus vorstellen, eine entsprechende Zusatzausbildung zu machen.
Ich schreibe diesen ersten gefundenen Zukunftsschritt auf eine blaue Karte, also „Zusatzausbildung" und lasse Natalie die Karte erst einmal in den Raum legen und sich selbst darauf stellen. Dann frage ich sie, was sie jetzt spüren konnte; welche Gefühle in ihr aufkommen, wenn sie sich vorstellt eine neue Zusatzausbildung zu beginnen? Natalie sagt, sie spüre dabei Stolz, Unabhängigkeit und Zufriedenheit. Diese Gefühle schreibe ich nun auf das Kärtchen. Dann frage ich sie noch, ob sie sich ein Jahr vorstellen könnte, in dem sie anfangen würde. Natalie antwortet sofort: So schnell wie möglich!
→ Diese Erarbeitung eines ersten Zukunftszieles ist sehr wichtig für Natalie, da ihr dadurch gezeigt wird, dass es durchaus noch andere Möglichkeiten der Lebensgestaltung gibt.
Mit dieser Vorgehensweise erarbeitet sich Natalie noch 3 weitere Zukunftspunkte, zum Teil mit dabei entstehenden positiven Gefühlen (diese sind hilfreich, um festzustellen, ob es ein attraktives Ziel ist):
> „Umzug in eine andere Stadt"- Ruhe, Zufriedenheit (in ca. 2 Jahren)
> „sich selbständig machen"- Stolz, Stärke, Unabhängigkeit (in ca. 5 Jahren) und
> „Familie gründen" (10 Jahre)
Ich lasse Natalie dabei immer so genau, wie es ihr im Moment möglich ist, die vorgestellte Zukunftssituation beschreiben. Das hilft ihr, sich klarer darüber zu werden, was sie im Leben erreichen möchte. Es geht bei der Zukunftslinie nicht primär darum, ob Natalie das alles auch wirklich erreichen kann, was sie sich hier erarbeitet hat. Aber es zeigt ihr eine mögliche neue Richtung an, die sie bisher nicht gesehen hatte.

Zum Abschluss betrachte ich mit Natalie nochmal von außen die von ihr gelegte Zeitlinie. Sie ist auf einmal vor Freude ganz aufgeregt, berichtet sie mir dabei. Endlich sähe sie wieder einen Sinn in ihrem Leben. Ich mache Natalie deutlich, dass sie in Zukunft immer an die gesammelten positiven Ressourcen in ihrem Koffer denken könne, den sie von nun an bei sich hat.
In einer kurzen graphischen Darstellung auf Papier (siehe Abb. 2) halte ich Natalies Time- Line fest, um in späteren Sitzungen darauf zurückgreifen zu können. Eine Kopie davon gebe ich Natalie mit nach Hause, da es auch für sie ein wichtiger Überblick ist. Außerdem bekommt Natalie die Kärtchen mit, damit sie diese immer wieder durchlesen kann.

Abbildung 2: Time- Line von Natalie Weber

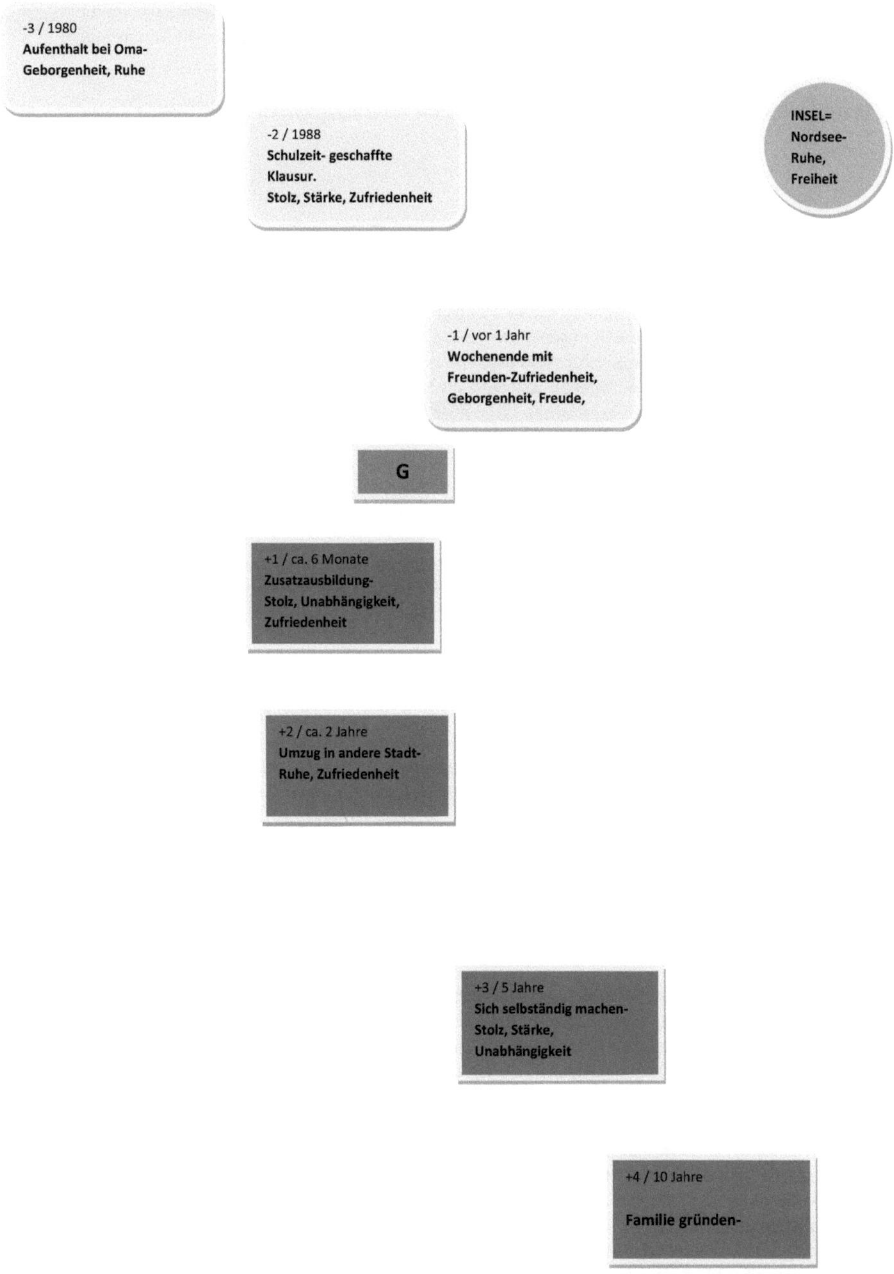

-3 / 1980
Aufenthalt bei Oma-
Geborgenheit, Ruhe

INSEL=
Nordsee-
Ruhe,
Freiheit

-2 / 1988
Schulzeit- geschaffte
Klausur.
Stolz, Stärke, Zufriedenheit

-1 / vor 1 Jahr
Wochenende mit
Freunden-Zufriedenheit,
Geborgenheit, Freude,

G

+1 / ca. 6 Monate
Zusatzausbildung-
Stolz, Unabhängigkeit,
Zufriedenheit

+2 / ca. 2 Jahre
Umzug in andere Stadt-
Ruhe, Zufriedenheit

+3 / 5 Jahre
Sich selbständig machen-
Stolz, Stärke,
Unabhängigkeit

+4 / 10 Jahre

Familie gründen-

Die Time Line mit Natalie hat ca. 1 Stunde gedauert. Deshalb möchte ich es für diese Sitzung dabei belassen und keine weiteren Übungen mit meiner Klientin durchführen. Die erarbeiteten Ressourcen und möglichen neuen Schritte in ihre Zukunft sollten erst einmal bei ihr nachwirken. Ich finde es jetzt sehr wichtig, dass sich Natalie zuhause in Ruhe Gedanke dazu macht. Dadurch kann sie für sich herausfinden, woran sie bei unserer nächsten Sitzung weiterarbeiten möchte.

Deshalb gehe ich anschließend gleich zur letzten Phase des Beratungsgespräches über.

1.5) Installieren- Übung macht den Meister

Wurden mit dem Klienten während der Problemlösungsphase Übungen durchgeführt, ist es in dieser letzten Phase wichtig, diese Übungen zu festigen. Der Klient sollte fähig sein, sie selbständig zuhause durchzuführen. Dafür werden die Übungen mit dem Klienten in dieser Phase nochmals durchgesprochen und selbständig von ihm durchgeführt. Sehr wichtig ist für den Klienten auch, dass er zusammen mit dem Berater erarbeitet, wann er diese Übungen in seinem täglichen Leben einbauen kann. Dazu kann es ganz hilfreich sein, anhand eines Tages- oder Wochenplanes (siehe S.19, Abb.3) die Durchführung der Übungen festzulegen. Oder aber der Klient kann für sich definieren, bei welchen bestimmten Situationen er entsprechende Übungen durchführen möchte. Zum Abschluss der Beratungssitzung unterstützt der Berater demnach den Klienten, gezielt das soeben erarbeitete Wissen in seinen Alltag zu integrieren und somit sein Ziel Schritt für Schritt zu erreichen.

Mit Natalie habe ich keine Übungen durchgeführt, die ich in dieser letzten Phase der Beratung nochmals wiederholen müsste. Sie hat durch die Durchführung der Time Line allerdings viele Impulse bekommen, um ihrem Leben eine neue Richtung zu geben, wie z.B. Zusatzausbildung und Umzug. Dies alles sollte sie erst einmal für sich verarbeiten und überlegen, wie ich ihr bei der nächsten Sitzung weiterhelfen kann. So bespreche ich es auch mit Natalie. Das Teilziel ihrer heutigen Sitzung war:" Ich weiß, was ich will", und ich denke, das haben wir erreicht.

Bis zum nächsten Beratungstermin möchte ich als kleine Unterstützung Natalie gerne eine Affirmation mitgeben. Affirmationen sind kurze positive Aussagen, die ein Vorhaben bekräftigen können bzw. mit denen man sich ganz einfach mental positiv programmieren kann. Ich frage deshalb Natalie:
Du hast in dieser Sitzung sehr viel über dich und mögliche neue Wege herausgefunden. Dein Gesamtziel war ja „**Ich verändere mein Leben so, dass ich wieder einen Sinn verspüre und glücklich und zufrieden bin!"**
Welche positiven Worte könnten dich unterstützen, dieses Ziel wirklich zu erreichen?
<u>Natalie</u>: Ich glaube an mich!
Bei Affirmationen ist der genaue Wortlaut sehr wichtig, da sie im Unterbewusstsein nur wirken, wenn sie immer wieder gleich gesprochen werden. Deshalb lasse ich Natalie ihre Affirmation wieder auf ein farbiges Kärtchen schreiben. Sie entscheidet sich für ein violettes Kärtchen. Die Farbe violett steht für geistige Freiheit.
Um herauszufinden, ob diese Affirmation Natalie auch wirklich helfen kann, teste ich diesen kurzen Satz kinesiologisch aus, wie ich es bereits bei der Zielklärung beschrieben habe. Der Arm bleibt dabei stark, d.h. es ist eine für Natalie positive und somit hilfreiche Affirmation.
Ich erkläre ihr, dass sie am Besten mehrmals am Tag diese Affirmation für sich sprechen kann. Bei regelmäßiger Anwendung wird sie sicher recht schnell erste Erfolge bei sich bemerken können.

Abschließend möchte ich Natalie energetisch wieder etwas aktivieren, da Mentalarbeit durchaus anstrengend ist und viel Energie verbrauchen kann. Hierzu mache ich mit ihr eine ganz einfache Übung, die ich selber auch gleich mit durchführe, um meine Energiereserven ebenfalls aufzuladen:
<u>Klopfe dich frei und tanke auf:</u>
- Stelle dich bitte locker und aufrecht hin, beide Beine stehen fest am Boden.
- Mache zuerst lose Fäuste und klopfe mit den Fingerknöcheln deinen Kopf.

- Massiere deine Ohren zwischen Daumen und Fingerspitzen.
-Umfasse den Nacken mit beiden Händen und streiche ihn kräftig über die Schultern nach vorne aus.
- Klopfe mit lockerer Faust auf die gegenüberliegende Schulter, klopfe dann im Verlauf der Energiebahnen die Innenseite dieses Armes in Richtung Hand und die Außenseite zurück zur Schulter.
- Wiederhole dies auf der anderen Seite, beginne wieder mit der Schulter.
- Nun beklopfe mit lockeren Fäusten gleichzeitig die Beinaußenseiten Richtung Füße, beginne an der Hüfte,
und dann die Innenseite der Beine zurück nach oben.
- Zum Schluss klopfe die Thymusdrüse in der Mitte des Brustbeins.
- Lasse die Arme nochmal locker hängen, spüre und genieße diese Energieaktivierung.

Wie war diese Übung für dich? Fühlst du dich jetzt anders als vorher?
<u>Natalie</u>: Ich fühle mich jetzt frisch und wach. Das war eine sehr wohltuende Übung.

⇒   Hiermit ist die erste Beratungssitzung beendet! Ich verabschiede mich von Natalie und erkläre, dass wir beim nächsten Termin weiter an der Erreichung ihres Gesamtzieles arbeiten werden.

Ich bin gespannt, was für mögliche Ideen Natalie mitbringt!

2.) Die 2. Beratungssitzung- Der Weg in eine neue Richtung geht weiter

Im vorherigen Abschnitt (1. Beratungssitzung) bin ich jeweils genauer auf die einzelnen Phasen und ihre Bedeutung eingegangen. Deshalb werde ich in diesem Abschnitt die 2. Beratungssitzung zwar ausführlich beschreiben, aber nicht mehr so viel zu den Bedeutungen der einzelnen Phasen erklären. Methoden, die ich im 1. Gespräch ausführlich vorgestellt habe, werde ich ebenfalls nicht mehr beschreiben.

2.1) Rapportphase- Der wichtige Anfang

Zwei Wochen nach unserem ersten Beratungsgespräch kommt Natalie Weber wieder zu mir. Nach der Begrüßung frage ich sie, wie es ihr in diesen 2 Wochen ergangen ist und ob sie vielleicht Veränderungen bei sich oder in ihrem Umfeld bemerken konnte.

→Natalie berichtet mir, dass ihr viele Gedanken zu diesem 1. Gespräch durch den Kopf gegangen sind. Vieles ist ihr nun klar geworden, z.B. wie wichtig es für sie ist, endlich wieder ein zufriedenes Leben zu führen. Sie ist deshalb zu dem Entschluss gekommen, dass sie neben ihrer jetzigen Tätigkeit im Büro eine Zusatzausbildung zur Heilpraktikerin machen möchte. Allerdings kamen ihr nach diesem Entschluss sofort wieder Bedenken, ob sie dies überhaupt schaffen könnte.

Ich sage Natalie, dass ich ihre Entscheidung, eine Zusatzausbildung zu machen, sehr gut finde. Wir werden gleich noch genauer auf ihr neues Problem eingehen. Vorher möchte ich wieder mit ihr eine kleine Übung durchführen, damit sie ein wenig vom Alltag abschalten kann und sich auf das kommende Gespräch einstimmt. Diese Übung beschreibe ich nun kurz:

Atemübung zur Aktivierung: *„Windstärke 8"*
→ Ziel: Sauerstoff und Energie werden vermehrt in den Körper geholt und machen fit!
→ Übungsablauf: - Setze dich bequem und aufrecht auf einen Stuhl und lasse dabei die Arme locker an der Seite herunter hängen.
- Atme nun tief durch die Nase ein, und zwar so dass sich erst der ganze Bauchraum und dann noch die Lungen mit Luft füllen, bis du das Gefühl hast, die Luft stehe knapp unter dem Kinn.
- Halte jetzt den Atem an, solange es dir möglich ist.
- Stoße den Atem nun kräftig und mit einem Mal durch den Mund aus , bis die ganze Luft aus Bauchraum und Lungen heraus ist. Stelle dir dabei vor, du wolltest damit eine Kerze ausblasen.
- Wiederhole diese Übung nun noch 4-5 Mal.

Ich frage Natalie wieder nach ihren Erfahrungen:
Wie fühlst du dich jetzt? Konntest du etwas spüren? Wie fühltest du dich vor der Übung und wie jetzt?
→ Natalie berichtet mir, dass sie sich viel freier fühlt, als wären Sorgen weggeblasen worden. Außerdem fühle sie sich energievoller als vorher.

Nun schauen wir uns genauer an, wie wir bei Natalie weiter arbeiten können.

2.2) Problemklärung- Wo setzen wir an

Damit ich wieder einen Überblick bekomme, wo ich bei Natalie ansetzen kann, versuche ich mit Fragen die Problematik zu erfassen:

Wie ist es dir in den letzten 2 Wochen ergangen? Weißt du schon, wie ich dir weiterhelfen könnte?
Natalie: Ich fühle mich sehr viel energievoller und weniger müde seit der 1. Beratungssitzung. Ich konnte durch die Time Line sehen, wie viel Schönes ich schon erlebt habe, und dass ich auch noch sehr tolle Erlebnisse vor mir habe. Dazu las ich mir auch immer wieder die Kärtchen von der Time Line durch. Es ist mir sehr wichtig, endlich wieder zufrieden im Leben zu sein, konnte ich feststellen. Durch diese Zufriedenheit werde ich dann wieder mehr Energie für andere Dinge aufbringen können. Deshalb habe ich den Entschluss gefasst, eine Zusatzausbildung zur Heilpraktikerin zu machen. Seitdem freue ich mich richtig darauf und habe mich auch schon darüber informiert, wo diese Ausbildung angeboten wird. Aber dann kamen doch wieder Zweifel auf, ob ich das überhaupt alles schaffen kann. Wenn ich daran denke, wie müde ich oft bin, kann ich mir schwer vorstellen, dass ich 2 Jahre Doppelbelastung durchstehen werde.

Wie kann ich dir nun helfen? Wo können wir ansetzen?
Natalie: Ich möchte gerne diese Zweifel loswerden, ob ich eine Zusatzausbildung schaffen kann. Dadurch fühle ich mich wieder so müde und energielos.

Was genau bereitet dir diese Zweifel an deinem Vorhaben? Gibt es konkrete Dinge, Ereignisse oder auch Personen, die das hervorrufen?
Natalie: Ich habe Angst, nicht genügend Energie zur Verfügung zu haben, um diesen neuen Weg auch wirklich gehen zu können. Wenn ich von der Arbeit heim komme, bin ich oft müde. Ich kann mir im Moment nicht vorstellen, wie ich so noch etwas lernen sollte.

Wenn ich das richtig verstehe, geht es dir im Moment vorrangig darum, genügend Energie und Durchhaltevermögen für deinen neuen Weg zu haben. Ist das richtig?
Natalie: Ja, das ist im Moment die größte Sorge für mich. Wie gesagt, freue ich mich über meine Entscheidung und möchte so schnell es geht anfangen mit der Ausbildung.

Ich möchte an dieser Stelle die Problemklärung beenden, da schon jetzt sichtbar ist, woran wir in dieser Sitzung bei Natalie arbeiten können: Sie weiß, welchen Weg sie einschlagen möchte, aber ihre Zweifel belasten sie dabei sehr. Ich gehe deshalb gleich zur Zielklärung über.

2.3) Zielklärung- Wohin soll es gehen

Wie schon im 1. Beratungsgespräch möchte ich nach der Problemklärung das Teilziel dieser Sitzung mit Natalie erarbeiten. Dazu unterstütze ich sie erneut mit gezieltem Hinterfragen:

Was ist das Ziel dieser Sitzung? Was erhoffst du dir heute zu erreichen?
Natalie: Ich möchte diese Angst und Zweifel loswerden, damit ich wirklich meinen neuen Weg gehen kann.

Was bedeutet es für dich ohne Angst und Zweifel zu sein? Was wäre eine positive Eigenschaft, die du gegen Angst und Zweifel einsetzen könntest?
Natalie: Wenn ich mutig und gelassen wäre, könnte ich dies gegen Angst und Zweifel einsetzen.

Könntest du diese Aussage in einem ganz kurzen Satz für dich formulieren? Beginne am Besten mit „ Ich..."!
Natalie: Ich gehe mutig und gelassen meinen neuen Weg!

→Da wieder der genaue Wortlaut dieses Sitzungszieles für Natalie wichtig ist, bitte ich sie, es auf ein farbiges Kärtchen zu schreiben. Sie wählt dieses Mal ein blaues Kärtchen aus. Die Farbe Blau steht für Gelassenheit und Inspiration.

Um zu erfahren, ob es wirklich ein positives Ziel für Natalie ist, teste ich es nun kinesiologisch bei ihr aus. Wie der kinesiologische Muskeltest funktioniert, hatte ich bereits beim 1. Beratungsgespräch beschrieben. Der Arm von Natalie bleibt hier ebenfalls stark, hält also meinem leichten Druck stand. Das Ziel ist demnach für Natalie positiv.

Nun gehen wir zur Lösung des Problems dieser 2. Sitzung über.

2.4) Problemlösung- Wie erreiche ich mein Ziel

Natalie möchte gerne ihre Angst und Zweifel bearbeiten, um mutig und gelassen ihren neuen Weg zu beginnen. Dafür wird sie viel Energie aufbringen müssen. Es gibt eine sehr gute Methode, um gezielt seine Energie für ein Vorhaben einzusetzen, welche ich im Folgenden beschreiben möchte.

Ziele erreichen ohne größeren Energieverbrauch:

Natalie hat Bedenken, ob sie eine Zusatzausbildung zur Heilpraktikerin überhaupt schaffen kann. Sie hat Angst, nicht genügend Energie dafür aufbringen zu können, da sie sich in letzter Zeit sowieso immer so energielos fühlt. Diese Zweifel belasten Natalie sehr, obwohl sie sich andererseits sicher ist, dass sie diese Ausbildung machen möchte und sich eigentlich darauf freut.

Ich entscheide mich mit Natalie eine NLP- Übung durchzuführen, die sich „Ziele erreichen ohne größeren Energieverbrauch" nennt. Mit dieser Übung werden Stärken und Ressourcen des Klienten herausgearbeitet, welche dann gezielt für ein bestimmtes Ziel eingesetzt werden können. Der Klient betrachtet dabei dissoziiert, also als Beobachter von außen, die im Moment für ihn schwierige Situation. Dieses Dissoziieren schwächt die Gefühlsreaktionen des Klienten ab und macht es ihm somit möglich, ruhiger und weniger belastet an Lösungen zu arbeiten. Weiterhin kann er gleich ausprobieren, ob die gefundenen Ressourcen für die Zielerreichung geeignet wären, indem er gedanklich in die belastende Situation hineingeht und die Ressourcen anwendet. Der Klient ist dann also assoziiert, d.h. direkt in dieser Situation mit allen dazugehörigen Gefühlen und Gedanken. Somit kann er spüren, wie die Ressourcen ihm helfen können, ob sie positiv sind oder ihn eher noch mehr belasten würden. Mit einem abschließenden Visualisieren des gewünschten Zielzustandes in der Zukunft werden die erarbeiteten Ressourcen auf ihre „Praxistauglichkeit" hin erprobt. Damit bekommt der Klient nochmals einen Einblick, was er alles für sich erreichen kann und welche Ressourcen ihm dabei helfen werden. Diese Visualisierung kann er immer wieder für sich wiederholen, was ihn auf dem Weg zu seinem Ziel stärken wird.

Nun beschreibe ich kurz die Durchführung dieser Methode, sowie die Reaktionen von Natalie.

Durchführung der Übung zum Zielerreichen:

1.) *Zielbestimmung*: Was möchtest du in der erwarteten Situation erreichen?
→ Natalie: Ich absolviere meine Heilpraktiker-Ausbildung mit Leichtigkeit und Gelassenheit!

2.) *Ökologie- Check*: Stell dir vor, du hast dein Ziel erreicht; könnten sich daraus Probleme ergeben? Wenn ja, was könntest du tun, um ihnen vorzubeugen oder mit ihnen umzugehen?
→ Natalie: Ich kann im Moment keine Probleme finden. meine Familie und Freunde bestärken mich in meiner Entscheidung, eine Heilpraktiker-Ausbildung zu machen.

3.) *Analyse der erwarteten/ bestehenden Situation*: Sieh dir die Situation wie einen Film an und versuche herauszufinden, an welchen Punkten es für dich schwierig werden könnte. (alle schwierigen Punkte notieren!)
→ Natalie: - wenig Durchhaltevermögen, da die Ausbildung nebenberuflich über 2 Jahre dauert
      - zu wenig Energie über die Ausbildungszeit hinweg, deshalb Angst vor Krankheit
      - Zweifel an sich selbst, wenig Selbstvertrauen in die eigenen Fähigkeiten (Bin ich als Heilpraktikerin überhaupt geeignet?)

4.) *Separator*: (Ablenken vom vorherigen Thema, Klient bekommt Abstand, kann entspannen)
Ich schlage vor, zusammen etwas Wasser zu trinken!

➡ Nun werden die Schritte **5 bis 7** für jeden schwierigen Punkt durchgegangen!

1. Punkt= *wenig Durchhaltevermögen*:

5.)*Suche nach Wegen (Ressourcen) zum Ziel*: Was könntest du tun, welche Fähigkeiten, Eigenschaften oder Erfahrungen könntest du nutzen, um den ersten schwierigen Punkt zu deiner Zufriedenheit zu bewältigen?

→ Natalie: Ich bin ein geduldiger Mensch und habe Ausdauer. Ich habe ja schon andere schwierige Zeiten gemeistert.

Die *gefundenen Ressourcen* = Geduld, Ausdauer, Erfolgsgewissheit!

6.) *Mobilisierung der Ressourcen*: Wann hast du diese Ressourcen schon einmal zu deiner Zufriedenheit praktiziert? (Situation sollte sinnesspezifisch genau beschrieben werden; wichtige Formulierungen werden festgehalten)

→ Natalie: Ich habe einmal ein schwieriges Puzzle mit 1000 Teilen zusammengesetzt. Ich hatte nie gezweifelt, dass ich es schaffen würde, habe jeden Tag weitergemacht und bin immer ein Stück vorwärts gekommen. Nach 1 Monat hatte ich es fertig und war unendlich stolz auf mich.

7.) *Ressourcentest*: Gehe mit diesen Ressourcen in deine Situation hinein und überprüfe dabei, ob dein Verhalten sich spontan so entwickelt, wie du es dir wünschst! Und stelle sicher, dass du auf die Reaktion der Anderen achtest und dein eigenes Wohlergehen im Auge behältst!

→ Natalie: Ich konnte jetzt spüren, dass ich mit Geduld und Ausdauer die Ausbildung durchstehen kann. Wenn ich einen Schritt nach dem anderen mache, bin ich mir sicher, dass ich es schaffe.

2. Punkt= zu wenig Energie(deshalb Angst vor Krankheit):

5.)*Suche nach Wegen (Ressourcen) zum Ziel*: Was könntest du tun, welche Fähigkeiten, Eigenschaften oder Erfahrungen könntest du nutzen, um diesen zweiten schwierigen Punkt zu deiner Zufriedenheit zu bewältigen?

→ Natalie: Ich sollte immer wieder Ruhepausen einlegen, wenn ich merke, dass ich mich energielos fühle. Da mir durchaus bewusst ist, dass der Körper sich „meldet", wenn es ihm nicht gut geht, sollte ich eben mehr darauf achten, wie ich mich körperlich fühle. Dann könnte ich gleich zu Anfang eines auftretenden Körpersymptoms gegensteuern. Aktivitäten, die mir Energie geben, sollte ich wieder mehr in meinen Alltag einbauen.

Die *gefundene Ressourcen* = Entspannung, Energie tanken, auf sich achten (körperlich u. seelisch)!

6.) *Mobilisierung der Ressourcen*: Wann hast du diese Ressourcen schon einmal zu deiner Zufriedenheit praktiziert? (Situation sollte sinnesspezifisch genau beschrieben werden; wichtige Formulierungen werden festgehalten)

→ Natalie: Es gab eine Zeit, als ich ständig erkältet war. Ich fing an, mein Immunsystem zu stärken mit homöopathischen Mitteln, Saunabesuchen und täglichen kleinen Ruhepausen. Ich trieb regelmäßig Sport, als ich mich wieder fit dazu fühlte. Vor allem die ausgiebigen Spaziergänge im nahegelegenen Park haben mir gut getan. Nach einer Weile fühlte ich mich körperlich wieder stark und war nicht mehr erkältet.

7.) *Ressourcentest*: Gehe mit diesen Ressourcen in deine Situation hinein und überprüfe dabei, ob dein Verhalten sich spontan so entwickelt, wie du es dir wünschst! Und stelle sicher, dass du auf die Reaktion der Anderen achtest und dein eigenes Wohlergehen im Auge behältst!

→ Natalie: Ich konnte feststellen, dass es mir helfen wird, tägliche kleine Ruhepausen in den Alltag einzubauen. Sobald ich mich energielos fühle, kann ich mit Spaziergängen im Park wieder viel Energie tanken. Ich denke, ich kann in stressigen Zeiten der Zusatzausbildung genauso wie damals für mich sorgen.

3. Punkt= Zweifel an sich selbst, wenig Selbstvertrauen in die eigenen Fähigkeiten (Bin ich als Heilpraktikerin überhaupt geeignet?):

5.)*Suche nach Wegen (Ressourcen) zum Ziel:* **Was könntest du tun, welche Fähigkeiten, Eigenschaften oder Erfahrungen könntest du nutzen, um diesen dritten schwierigen Punkt zu deiner Zufriedenheit zu bewältigen?**

→ Natalie: Ich müsste einfach mutig sein und auch mal etwas Neues ausprobieren. D.h. um Vertrauen in meine vorhandenen Stärken zu bekommen, sollte ich über meinen „Tellerrand" hinausschauen und flexibel sein. Mir ist bewusst, dass nur ich selber etwas ändern kann. Ich arbeite in meinem jetzigen Job sehr selbständig, das kann ich gut und das könnte ich als Heilpraktikerin ja genauso gut.

Die *gefundenen Ressourcen* = Selbständigkeit, Eigenverantwortung, Offenheit für Neues, Flexibilität und Mut!

6.) *Mobilisierung der Ressourcen:* **Wann hast du diese Ressourcen schon einmal zu deiner Zufriedenheit praktiziert? (Situation sollte sinnesspezifisch genau beschrieben werden; wichtige Formulierungen werden festgehalten)**

→ Natalie: In meiner Ausbildung gab es ein Projekt, welches sehr selbständig organisiert und ausgeführt werden musste. Den Hauptanteil hatte ich geleistet. Dafür musste ich viele Informationen sammeln, andere Leute kontaktieren und letztendlich es den anderen Auszubildenden vorstellen. Es hatte mir zwar Arbeit aber auch viel Spaß bereitet. Ich fühlte mich toll, als mich der Ausbilder und die anderen Auszubildenden lobten. Und mir hat dieses Projekt sehr viele Erfahrungen gebracht, die ich heute noch einsetze.

7.) *Ressourcentest:* **Gehe mit diesen Ressourcen in deine Situation hinein und überprüfe dabei, ob dein Verhalten sich spontan so entwickelt, wie du es dir wünschst! Und stelle sicher, dass du auf die Reaktion der Anderen achtest und dein eigenes Wohlergehen im Auge behältst!**

→ Natalie: Ich konnte spüren, wie ich mutig und auch offen an diese Heilpraktiker-Ausbildung gehen kann, da ich weiß, dass ich es wirklich sehr gerne machen möchte und es mir auch liegt. Durch meine schon vorhandene Selbständigkeit werde ich sehr gut als Heilpraktikerin arbeiten können.

➡ Alle schwierigen Punkte sind nun bearbeitet. Als letzter Schritt folgt noch der „Blick in die Zukunft":

8.) *Future-Pace für die gesamte Situation:* **Stelle dir die erwartete Situation in ihrem gesamten Ablauf vor. Gehe in die Situation hinein und nimm deine erarbeiteten Ressourcen mit. Zeige bei allen schwierigen Punkten, die du erwartest, das gewünschte Verhalten, das dich zum Ziel führt!**

Natalie führt selbständig diesen „Brückenschlag" in ihre Zukunft durch, wobei sie überprüft, ob ihre Ressourcen ihr helfen könnten.

Sie berichtet mir, dass es sehr hilfreiche Ressourcen sind, die sie sich erarbeitet hat. Alle haben ihr in dieser Visualisierungsübung geholfen. Sie ist sich nun sicher, dass dieser Schritt, eine Heilpraktiker-Ausbildung zu machen, der richtige für sie ist und dass sie es gut meistern wird.

→ Die anfänglichen Zweifel und die Angst von Natalie sind nun nicht mehr zu bemerken. Dies zeigt, wie erfolgreich die angewandte Methode „Ziele erreichen ohne größeren Energieverbrauch" sein kann!

Die erarbeiteten Ressourcen sowie die dazugehörigen Stichpunkte der einzelnen Schritte habe ich notiert. Damit Natalie sich immer wieder ihrer Stärken bewusst werden kann, gebe ich ihr eine Kopie meiner Notizen mit.

Das Teilziel der heutigen Sitzung war ja „Ich gehe mutig und gelassen meinen neuen Weg!". Ist das, was wir heute erarbeitet haben, ausreichend für dich oder benötigst du noch etwas für dein Ziel?
<u>Natalie</u>: Im Moment habe ich keine Angst oder Zweifel mehr, dass ich mein Vorhaben nicht schaffen
könnte. Ich denke, mir reicht das Erarbeitete erst einmal aus.
→ Da diese Übung ca. 1 Stunde gedauert hat, und es auch hier wieder wichtig ist, dass Natalie ihre
Erfahrungen für sich verarbeitet, möchte ich gleich zur letzten Phase dieses 2. Gespräches übergehen.

2.5) Installieren- Übung macht den Meister

Natalie hat durch die vorher beschriebene Methode sehr viel über sich erfahren können und einige
vorhandene Ressourcen herausgefunden. Ich gebe ihr zu verstehen, dass sie in nächster Zeit immer
wieder diese Abschluss- Visualisierung (Future Pace) für sich durchführen kann. Sie hatte mir ja berichtet,
dass ihre gefundenen Ressourcen bei ihrer Zielerreichung sehr hilfreich waren. Je öfter sie diese
Ressourcen in einer Visualisierung für ihre Zielerreichung einsetzt, umso mehr wird sie dadurch gestärkt
werden. Das Gehirn kann nicht unterscheiden, ob Bilder wirklich gerade vom außen aufgenommen
werden oder schon vorhandene Erinnerungen sind. Demnach kann die Visualisierung ihres optimalen
Zielzustandes Natalie positiv unterstützen, da sie, statt Angst und Zweifel, die positiven Gefühle dazu
spüren wird. Auf meine Frage hin, ob Natalie selbständig die Visualisierung des Future Pace durchführen
könnte oder ob sie es nochmal hier üben möchte, antwortet sie, dass sie es sehr gut allein durchführen
kann.

→Es wäre also gut, wenn Natalie bis zu unserem nächsten Termin diese Visualisierung regelmäßig
anwendet:
*Wann könntest du dir vorstellen, die Visualisierung mit deinen erarbeiteten Ressourcen
durchzuführen? Wie könntest du dies in deinen Tagesablauf einbauen?*
<u>Natalie</u>: Ich denke am besten kann ich es am Abend einbauen, da habe ich immer ein paar Minuten Zeit.
Wann genau am Abend hast du Zeit dafür? Vor dem Schlafen gehen oder früher?
<u>Natalie</u>: Nach dem Abendessen ist ein guter Zeitpunkt für mich.
Wie würdest du dabei vorgehen? Beschreibe das bitte einmal kurz!
<u>Natalie</u>: Nachdem ich gegessen habe, setze ich mich auf das Sofa und lese mir erst noch einmal meine
erarbeiteten Ressourcen durch. Dann gehe ich gedanklich wie in der vorherigen Übung in meine erwartete
schwierige Situation hinein und wende dabei meine Ressourcen an.
Ich erkläre Natalie, dass es bei der Durchführung dieser Visualisierung wichtig wäre, sich vorher immer
gut zu entspannen und Ruhe dafür zu haben, d.h. möglichst keine Musik im Hintergrund zu hören.
Außerdem schlage ich ihr vor, einen kleinen Wochenplan für sich zu erstellen, damit sie vor allem jetzt am
Anfang ihre Übung nicht vergisst. Sie könnte da auch noch andere Übungen eintragen, die sie in nächster
Zeit ebenfalls in ihren Tagesablauf mit einbauen möchte. Dafür gebe ich ihr einen leeren Wochenplan, den
sie selber ausfüllt (siehe Abbildung 3).

*Welche Übungen könntest du dir noch vorstellen, in deinen Tagesablauf mit aufzunehmen, die dir für
deinen neuen Weg helfen würden, z.B. Übungen zur Energiegewinnung oder Entspannung?*
<u>Natalie</u>: Da mir die Übungen, die ich hier am Anfang der Sitzungen und letztes Mal am Ende kennengelernt
habe, so gut taten, möchte ich in Zukunft solche kleinen Übungen regelmäßig durchführen. Ich könnte mir
vorstellen, immer in der Mittagspause und wenn ich nach Hause komme so eine kleine Übung zu machen.
Das möchte ich ebenfalls in meinen Wochenplan eintragen. Da ich dadurch etwas Schriftliches in der Hand
habe, werde ich diese Übungen dann auch regelmäßig ausführen.

Im Folgenden habe ich den von Natalie ausgefüllten Wochenplan aufgezeigt, damit man sich ein besseres
Bild davon machen kann, wie so ein Plan aussieht.

Abb.3: Erarbeiteter Wochenplan von Natalie Weber

TAGESZEIT	MONTAG	DIENSTAG	MITTWOCH	DONNERSTAG	FREITAG	SAMSTAG	SONNTAG
MORGENS						-kl. Entspannungsübung n. Aufstehen	-kl. Entspannungsübung n. Aufstehen
MITTAGS	-kl. Entspannungsübung in Mittagspause	-kl. Entspannungsübung in Mittagspause	-kl. Entspannungsübung in Mittagspause	-kl. Entspannungsübung in Mittagspause	-kl. Entspannungsübung in Mittagspause		
ABENDS	-kl. Entspannungsüb., -Visualis. Future Pace	-kl. Entspannungsüb., -Visualis. Future Pace	-kl. Entspannungsüb., -Visualis. Future Pace	-kl. Entspannungsüb., -Visualis. Future Pace	-kl. Entspannungsüb., -Visualis. Future Pace	-kl. Entspannungsüb., -Visualis. Future Pace	-kl. Entspannungsüb., -Visualis. Future Pace

Nachdem Natalie alle ihre Übungen in ihren neuen Wochenplan eingetragen hat, kommen wir nun zum Ende dieser 2. Sitzung. Wie schon beim letzten Gespräch möchte ich mit Natalie die gleiche Abschlussübung „Klopf dich frei und tanke auf" durchführen, damit sie nach der anstrengenden Mentalarbeit ihre Energiereserven wieder auffüllen kann. Weil mir als Berater das ebenfalls gut tut, mache ich wieder mit. Da ich diese Übung schon am Ende der 1. Sitzung ausführlich beschrieben habe, möchte ich an dieser Stelle darauf verzichten.

⇒ Hiermit ist auch die 2. Beratungssitzung abgeschlossen. Ich vereinbare mit Natalie erneut einen Termin, bei dem wir weiter an ihrem Gesamtziel „Ich verändere mein Leben so, dass ich wieder einen Sinn verspüre und glücklich und zufrieden bin" arbeiten werden! Meine Ausführungen über die Beratung von Natalie Weber und die Darstellung der Veränderungen in diesen 2 Sitzungen möchte ich an dieser Stelle beenden.

Ich gehe im Anschluss zum letzten Kapitel meiner Diplomarbeit über.

3.) Abschluss- So kann man sein Leben aktiv selbst gestalten

Mit der Darstellung der Beratungssitzungen wollte ich aufzeigen, dass es viele Möglichkeiten gibt, sein eigenes Leben aktiv zu gestalten. Ich hoffe, es ist mir gelungen, ein paar dieser Möglichkeiten anhand der von mir beschriebenen Methoden aufzuzeigen. Es gibt natürlich noch sehr viele andere Methoden, die einem Klienten auf seinem Weg helfen können. An dieser Stelle möchte ich nochmal betonen, dass es sehr wichtig ist, als Berater neutral zu bleiben und herauszufinden, was der Klient möchte. Ich nehme als Berater den Klienten lediglich an die Hand, begleite und führe ihn ein Stück seines eigenen Weges quasi bis zur Tür (Ziel). Durch die Tür hindurch gehen, muss der Klient allerdings allein.

Jeder Mensch kann für sich eine Veränderung bzw. Gestaltung seines Lebens erreichen. Er ist dabei nicht abhängig von äußeren Einflüssen. Die erste Voraussetzung für eine Richtungsänderung des eigenen Lebens ist zu erkennen, dass man eigenverantwortlich sein Leben in die Hand nehmen kann und muss. Im Fall meiner Klientin Natalie Weber konnte man sehr gut beobachten, wie schon nach der 1. Sitzung in ihr ein Prozess der Umstellung und des Umdenkens begann. Sie hatte schon nach diesem Gespräch den Entschluss gefasst, aktiv ihr Leben und ihre Zukunft selbst zu gestalten. Dabei konnte ich sie in der 2. Beratungssitzung unterstützen, ihren neu gewählten Weg wirklich zu beginnen. Für eine Veränderung im Leben ist es notwendig, alte und gewohnte Muster zu verlassen und zum Teil absolutes Neuland zu betreten. Dies ist leider oft mit Ängsten verbunden. Auch Natalie Weber hatte Angst und Zweifel ihr neues Ziel in Angriff zu nehmen. Ich als Berater konnte ihr dabei sehr gut zur Seite stehen und, wie man im 2.Gespräch beobachtete, ihre Ängste nehmen. Für meine Klientin war es sicher hilfreich, dass sie nach jeder Sitzung etwas Schriftliches mitnahm und so zu Hause immer wieder nachlesen konnte, wie z.B. die Kärtchen der Time Line, aufgeschriebene Ziele und Affirmationen, erarbeitete Ressourcen etc. Dies sind wichtige Hilfsmittel für den Klienten.

Indem man sich immer wieder die gleichen Worte (Ressourcen) oder Sätze (Affirmationen) durchliest, werden sie dem eigenen Unterbewusstsein mit jedem Mal vertrauter. So kann man es positiv programmieren. Eigenverantwortung bedeutet demnach auch, sich bewusst zu werden, dass man mit den eigenen Gedanken sein Leben aktiv beeinflussen kann. Jeder Einzelne kann für sich entscheiden, ob er es positiv oder negativ einsetzt. Meine Klientin Natalie Weber hat sich entschieden, es positiv für sich zu nutzen.

Mit dem Zusammenstellen eines kleinen Übungsprogrammes für die Woche hat Natalie erste konkrete Schritte in Richtung aktive Lebensgestaltung begonnen. Sie erhält dadurch die Möglichkeit ihre Energie zu bündeln, d.h. in eine konkrete Richtung zu lenken. Ihr wird somit mehr Energie zur Verfügung stehen als vorher, da diese nicht mehr so zerstreut wird.

→ Natalie ist es mit Hilfe der Beratungssitzungen gelungen, an sich zu arbeiten und aktiv eine andere Richtung in ihrem Leben einzuschlagen. Ich hoffe, mit meiner Arbeit als Gesundheits- und Mentalcoach noch viele andere Klienten auf ihrem Weg begleiten zu dürfen.

3.1)Hilfreiches für die Veränderung/ Gestaltung des eigenen Lebens

Ich erachte es als sehr wichtig immer wieder an sich zu arbeiten, d.h. an seinen Stärken und Schwächen zu feilen. Das setzt erst einmal voraus, dass man bereit ist, sich und sein eigenes Wesen kennenzulernen und zu akzeptieren, so wie es ist. Dabei ist allerdings nicht zu vergessen, dass das Leben Spaß machen soll und man sich wohl fühlt und zufrieden ist. Es gibt zahlreiche Möglichkeiten an sich zu arbeiten (Mentalarbeit, Beratung) bzw. sich etwas Gutes zu tun (Sport, Entspannung). Ich möchte nun einen kleinen Überblick von einigen Anregungen geben, die ich als sehr hilfreich für die eigene positive Lebensgestaltung ansehe:

- *Umgib dich mit Menschen, die dir gut tun!* Es ist sehr wichtig, liebe Menschen an seiner Seite zu wissen. Pflege diese Kontakte gut.
- *Loslassen!* Lass alles, was dir schadet, dich einschränkt oder an deiner Entwicklung hindert, zurück.
- *Sei nett zu dir!* Gehe liebevoll mit dir um, akzeptiere dich mit allen Stärken und Schwächen.

- *Lerne deine Grenzen kennen!* Teste immer wieder einmal aus, wo deine Grenzen bisher waren. Vielleicht kannst du sie ja erweitern. Dies gibt dir die Möglichkeit, dich stetig weiterzuentwickeln.
- *Vertraue dir selbst!* Du kannst alles erreichen, was du dir wünschst. Vertraue auf deine Fähigkeiten. Du kannst mehr, als du von dir denkst.
- *Achte gut auf deinen Körper!* In einem gesunden Körper wohnt ein gesunder Geist, heißt es so schön. Pflege deinen Körper mit Bewegung, Entspannung und guter Ernährung, damit er gesund bleibt. Du musst Geist und Seele einladen, sich in deinem Körper wohl zu fühlen.
- *Nähre deinen Geist!* Es gibt sehr viel auf dieser Welt zu entdecken, und man kann viel von Anderen lernen. Erweitere dein Wissen, unterhalte dich mit interessanten Menschen und bereichere somit dein Leben.
- *Bleibe offen!* Nur wenn man den Menschen und Gegebenheiten des Lebens offen gegenüber steht, kann man Neues annehmen. Um sich selbst weiter zu entwickeln, ist es sehr wichtig neue Impulse in seinem Leben zuzulassen.
- *Gib nicht auf!* Auch wenn sich dir manchmal Steine in den Weg legen, ist es wichtig dran zu bleiben. Ein kleiner Umweg ist oft gar nicht so schlimm auf dem Weg zum Ziel. Es sind im Gegenteil sehr hilfreiche Erfahrungen, die man dadurch macht.
- *Sei dir deiner selbst bewusst!* Selbstbewusst zu sein bedeutet, sich klar darüber zu sein, wer man ist und was man kann. Du bist für dein Leben selbst verantwortlich, kannst es also nach deinen Wünschen gestalten und erleben.

„Achte auf deine Gedanken, denn sie werden deine Worte.
Achte auf deine Worte, denn sie werden deine Handlungen.
Achte auf deine Handlungen, denn sie werden deine Gewohnheiten.
Achte auf deine Gewohnheiten, denn sie werden dein Charakter.
Achte auf deinen Charakter, denn er wird dein Schicksal."
TALMUD

Literaturverzeichnis-Hier lohnt es sich einmal reinzuschauen

Decker, Franz Dr.: *Erfolgreich sein Leben meistern*, Petersberg2003

Decker, Franz Dr.: *Energiebalance finden*, Petersberg 2004

Decker, Franz Dr.: *21 Übungseinheiten zur persönlichen Energiegewinnung*, Petersberg 2004

Decker, Franz Dr.: *Think.Mind Coach*, Ravensburg 1997

Decker, Franz Dr.: *Medizin für die Seele*, Petersberg 2008

Haag, Susanne: *NLP- Eine Einführung*, Darmstadt 2009 (4.Auflage)

Servan-Schreiber, David: *Die neue Medizin der Emotionen*, München 2006 (11.Auflage)

Förder, Gabriele/ Neuenfeld, Gabriele: *Kinesiologie- Leben mit ganzer Kraft*, München 2002 (4.Auflage)

Sievers, Sakina/ Loh, Nirgun: *Shen Do-In - Shiatsu Selbstmassage*, Stellshagen 2006

Franckh, Pierre: *Einfach glücklich sein!*, München 2008

Schache, Ruediger: *Das Geheimnis des Herzmagneten*, München 2009 (11.Auflage)

Röcker, Anna Elisabeth: *Das Geheimnis der Selbstheilungskräfte*, München 2003

Mohr, Bärbel: *Bestellungen beim Universum*, Düsseldorf 2008 (35.Auflage)

Leffler, Andreas: *Das Bushido Prinzip- Lebe wie ein Samurai!*, München 2004

Dethlefsen,Thorwald/ Dahlke, Rüdiger: *Krankheit als Weg*, München 2000 (15.Auflage)

Dahlke, Rüdiger: *Krankheit als Sprache der Seele*, München 1992

Hay, Louise: *Das Leben lieben*, Berlin 2004